JN411093

깊어가는 사랑

깊어가는 사랑

초판·펴낸날 | 2014년 5월 10일

지 은 이 | 조종현
펴 낸 이 | 윤송석
편　　집 | 차영미

펴 낸 곳 | 서정문학
주　　소 | 서울시 성동구 천호대로 366(미라보타워 911호)
전　　화 | 02-720-3266
홈페이지 | http://cafe.daum.net/seojungmunhak.com
이 메 일 | sjmh11@hanmail.net
등　　록 | 2007. 12. 18 제2012-000061호

ISBN 978-89-94807-32-4 03810
정가 7,800원

국립중앙도서관 출판시도서목록(CIP)

깊어가는 사랑 / 지은이: 조종현. -- 서울 : 서정문학, 2014
p. ; cm. -- (서정대표 시선 ; 24)

ISBN 978-89-94807-32-4 03810 : 7800

한국 현대시[韓國 現代詩]

811.62-KDC5
895.714-DDC21

서정대표시선 · 24

깊어가는 사랑

조종현 시집

서정문학

시인의 말

세월이 나를 따라온 건지
내가 세월을 따라가는 건지 잘 모르겠으나
세월은 나를 비켜가 주질 않으니
나 또한 세월을 비켜갈 수 없어
그 속에서 삶의 애환과 환희,
만남과 헤어짐 그리고
사랑과 분노들을 회상하며
또 다른 도전을 위해
무언의 미소를 지어 봅니다.
멈춘 듯하면서 흘러간 60여 년,
생존경쟁 속에 기름때처럼 찌들고 엉킨 삶
어릴 적 유리알처럼 깨끗했던 마음으로
돌아가고 싶어 깊이 숨어있는
맑은 마음을 끄집어내어
지난 일들을 회상하며 한 줄 한 줄
써 내려간 글을 모아
아주 작은 책갈피에 넣었습니다.
읽는 이의 마음속에 한 줄의 그리움으로
새겨지길 바래봅니다.

contents

시인의 말 5

제1부 꽃들의 노래

깊어가는 사랑 12
사랑 13
부부의 날에 14
눈꽃사랑 16
보석같은 사랑 17
여보 18
호랑나비 19
빨래터 20
오미자차 한 잔 마시며 21
텅 빈 가슴속에 22
봄 23
아들 결혼을 축하하며 24
봄바람 28

제2부 고향

고향 그 집 앞 32
고향소식 33
개나리꽃 34
그리운 고향 36
가만히 눈을 감고 있노라면 37
부엉이 38
오솔길 39

제3부 그리움 그리고 외로움

밤 42
할미꽃 43
병원 44
정원 46
타향살이 47
폐교된 교정 48
파도는 차마 말 못하고 50
추란(秋蘭) 52
초록빛 계절 53

제4부 기도

간월도에서 56
무(無) 57
달집 58
소원 60
흐르는 세월 속에 61
부처님 오신 날에 62
촛불시위 64
수덕사에서 66

제5부 봄(희망)

봄 빗소리 들으며 70
겨울바람 71
가는 세월 아쉬워 72
진달래꽃 73
시냇물 74
새 생명 75
벚꽃 76
봄 1 78
봄 2 79
봄 3 80
봄 4 81
봄나들이 82

제6부 인생(人生)

낙엽을 바라보며 86
낙엽 87
대나무 1 88
대나무 2 89
빈자리 90
빈의자 91
나그네 92
소록도 93
권력의 끝자락 94
어부 96
한(恨) 98

권세 100
야간경비원 101
산길을 걸으며 102
연탄재를 보며 103
영원한 이별 104
이슬 106
봄바람 치맛바람 107
장독 108
분노 110
황혼 111
일본 대지진을 보며 112
서정시 114
백발 115
야-호의 죽음 116
세월 118
발자국 119
은행잎 120
장미꽃 121
하조대에 올라 122
융프라우 설경을 보고 123
고독 1 124
고독 2 125
기러기 126
기다림 127
고목 128
갈대 1 129
갈대 2 130
봄 132
애환 134
다듬이 136

제1부

꽃들의 노래

깊어가는 사랑

청자처럼 아름답던
그대 손 문득 보니
백옥처럼 뽀얗게
곱던 살결이
백자에 실금 가듯
잔주름만 늘었네요.

가지마라 애원해도
시계의 초침처럼
쉼없이 가는 세월
잡을 수 없고

사랑의 잔주름은
깊어만 가네.

아내를 사랑하는 마음

사랑

고운 마음처럼
얼마나 예쁜지
얼굴 좀 보여 주렴

그대가 머물다
떠나간 자리에는
언제든 울긋불긋 꽃들이
봄바람 손짓 따라 춤을 추고

한 줄기 은은한 달빛으로
살며시 다가와
내 가슴 속에 밀어로
거닐다 가는 그대여
숲 속을 지나는 바람 소리에도
잠을 이루지 못한답니다

그대는 내 마음 사로잡는
달콤한 사탕

떠나는 것에 대한 아쉬움

부부의 날에

내가
삶에 지쳐
쓰러져 있을 때
살며시 다가와
어깨를 내 주었던 당신

가는 세월이 아쉬운지
바람결에 떨어져
나뒹구는 낙엽을 보고
애처로운 눈빛으로
바라보던 시선 속에
외로움을 보았다오

모두가 싫어하는
힘든 일들을
말없이 묵묵히
해내던 당신
당신이 있었기에
행복합니다

당신은 나에게
신이 내려준 보물
바로 천사입니다.

삶의 행복한 동반자

눈꽃사랑

간밤 발자국 소리없이
천사처럼 하얀 함박눈이
살포시 내려와
어머니 품속같이
따스한 솜이불 되어
꽁꽁 얼어붙은
온 세상을 덮어주고요

봄을 기다리며
겨울 잠자던 소나무 손가락에
사뿐히 내려와
포근히 잠을 자네

소리 내면 도망갈까
불면 날아갈까
초저녁 지저귀던
산새도 울지 않고
불던 바람도
잠이 들었네.

사랑의 고요함

보석같은 사랑

보석같이 은은한 달빛
내 가슴을 비추듯
소리 없이 찾아와
가슴에 안기네

모진 세월에 피멍이든
마음의 상처
봄바람에 눈 녹아 내리듯
소리없이 사라질 때

내 마음
수정같이 맑은
달빛 되어
사랑하는 이의
가슴을
영원히 감싸리라
너는 내 마음의 흑진주.

변함없는 마음

여보

늙어지면
정 없을 줄 알았는데
가냘픈 몸 아플까
마음이 쓰이는 게
나이 탓만은 아닌가 싶네요.

밉고 고운 세월
다 지나면
아침 햇살에 안개 걷히듯
사라질 줄 알았건만
따스한 봄 향기에
새싹이 돋아나듯
새록새록 돋아나는
깊은 사랑

이제는 무슨 말이
필요할까요.
여보!

참다운 사랑

호랑나비

바람 불면 날아갈 듯
가냘픈 몸매며
솜털처럼 보일듯 말듯
가느다란 다리
명주실 곱게 물들여
한 올 한 올 엮은 듯
아름답고 고운 날개

입술을 스치듯
달콤한 바람에 실려 온
어여쁜 꽃향기 따라
너울너울 춤을 추네

전생에
이룰 수 없었던 짝사랑에
꽃물 든 몸짓
오고 감에 흔적이 없네.

허세 뒤에 찾아 온 허탈함

빨래터

맑은 물처럼 티 없는 순정
상큼한 공기같이
깨끗한 마음
흐르는 물 위에
떠내려간 사랑
이별을 하니
하염없이 내리는
빗물 속에
얼굴을 적시네.

해진 옷처럼 찢어진 옛사랑
한 맺힌 방망이 소리가
원망스럽다
다시 찾은 빨래터
잡초만 무성한데
언덕배기 고목에
둥지 튼 비둘기집
두드림 속에 쌓여가는 사랑터
세월 속에 묻었다.

추억속의 그리움

오미자차 한 잔 마시며

너의 오묘한 맛은
짧은 혀끝을
길게 당겨
입술을 유혹하고

내뿜는 향기
코끝을 스칠 때마다
온몸이
전율로 감도네.

물안개
피어나는 듯
찻잔 속을
휘어 감는
춤사위 바라보다

아주 작은 호수에
퐁당 빠졌네.

여유로움과 고요함

텅 빈 가슴속에

내 안에
아주 작은
오두막

진주 빛
아침 햇살
고운 창가에
임 얼굴로 그려 놓고

밤이면 별을 따다
청사초롱 불 밝히면

봄을 삼켜버린
매화 향기 같은
그대의 사랑

텅 빈 가슴에
꽃 바람으로 불겠지.

외로움

봄

물고기 가시같이 앙상한
나뭇가지
마디마디마다
조용히 눈을 감고
잠자는 새싹

봄 내음 싣고 온
바람이 잠을 깨우고
스치는 아침 안개
움츠린 두 손에 담아
눈을 비비며
두 팔 벌려 하늘 향해
기지개 켤 때
잠자던 새들도
노래 부르고
해님도 방끗
나를 반기네.

마음은 벌써 꽃물로 물들었다.

새희망

아들 결혼을 축하하며

어제의 두 사람이
이제는 한 가정을 이루는구나
누가 맺어준 인연인가
이글거리는 태양의 불덩이로 익어
오늘 백년가약을 맺는 두 사람
아침 이슬처럼 영롱한 눈빛으로
서로 바라보는 그 모습
터질 듯 망울진
한 송이 흑장미와 백장미 같구나

사랑하는 신랑 신부여 !
봄 여름 가을 겨울 계절 따라
달콤한 향기 머금은
아름다운 사랑의 꽃을
가슴속에 끌어안고
영원히 떠나지 않는
행복의 둥지를 틀어라

여기 이 두 사람
나무와 물처럼

서로 사랑하기 위해
오래 기다린 날들
서로의 마음이
하나가 되는 이날부터
날이 가면 갈수록
사랑의 꽃이
더더욱 아름답게 피어날 것입니다.

사랑하는
신랑 신부여 !
어떠한 시련과 슬픔이 닥쳐와도
함께 참고 함께 감싸면
기쁨이 찾아오고

시련과 슬픔은
행복과 사랑으로 승화되리라
소나기 지나간 뒤
향기 가득한 일곱 색깔 무지개
영롱한 다리 놓이듯

삶 속에 아픔이 찾아오면
웃음 띤 얼굴로
서로 마주 바라만 보아도
아픔은 사라지고
행복의 다리가 놓일 것이다

늙어 헤진 고목도
어린 새싹이었거늘
작은 사랑을 모아
태산을 삼키는 화산의 용암처럼
큰사랑을 이루어라

오늘 새로운 길을 떠나는
신랑 신부여!
따스한 봄볕 온몸을 감싸며
어린 새싹 땅을 뚫고 세상을 바라보듯
첫걸음을 내디딘 발자국마다
한 쌍의 원앙처럼 행복하여라

사랑하는
신랑 신부여!
오늘보다 더 행복한 날이
어디 있으랴
사랑하는 이와 함께
떠나는 여행
평생토록 오늘 같아라.

2014. 3. 1. 아들 결혼을 축하하며

봄바람

깨소금같이 고소한
봄 향기
살며시 다가와
메마른 입술에
입맞춤하니
가지마다 꽃이 피네

칼바람에 쇠고랑 찼던
봄 처녀 풋 가슴
꽃망울로 부풀고

황량한 들판
어린아이 쓰다듬듯
스치는 치맛바람 소리

모두의 잠을 깨우고
안개처럼 사라지는
사랑 전도사.

봄의 환희

제2부

고향

고향 그 집 앞

고향에 가면
눈물이 난다
엄마가 장에 가는 날이면
꼴 베고
닭모이 주는 것도 잊은 채
언제나
성황당 고갯길에 서 있다.

돌아올 시간
아직도 멀었는데
기린 목으로
기다렸다

지금도 그 집 앞을
지나노라면
눈물이 난다

그래도 부모님이 계신다면
참 좋겠다.

부모님에 대한 그리움

고향소식

연둣빛 하얀 율동이
동심으로 싹 트고

녹음이 깊어감에 따라
옷깃을 스치는
꽃향기 걸음 또한 싱그럽다

논배미마다 가득한 햇살
그 등뒤로
백로의 외로운 날갯짓이
나를 부르는 오후

넓고 푸른 하늘 아래
풀바람 노래가
농부들의 앙가슴을 연다.

고향을 그리워하는 마음

개나리꽃

아늑한 개여울
머무는 햇살 속
싱그러운 꽃내음

향기로운 봄바람이
미소를 머금고
살며시 다가와
지난 겨울 칼바람 속에
꽁꽁 얼어붙은
내 심장을 어루만지니
화산이 폭발하듯
가슴이 터질 것 같네요

잠자던 가지가지
솜털 숨구멍 뚫고
눈을 비비며
노란 병아리
옹기종기 모여 있듯
노란 꽃잎 주렁주렁
해님보고 방긋 웃고

꽃을 찾는 벌 나비
어서 오라 손짓을 하네.

얄밉도록 어여쁜
샛노란 얼굴
어릴적 내 동무 얼굴 닮았네.

어린 시절에 대한 회상

그리운 고향

옛 생각 그리워
찾아간 고향

등하교 때 넘나들던
뒷동산 오솔길
간데없고
산새들 노랫소리만
흙 묻은 기억을 깨우네

썰매 타던
다랑논이며
자치기 하던 마당에는
이름 모를 잡초만이
고향을 지키고

책보 메고 다니던
초등학교는
거미줄에 묶여있네.

변해버린 고향에 대한 그리움

가만히 눈을 감고 있노라면

하늘에 떠 있는
목화솜같이 새하얀 뭉게구름
새색시 얼굴 붉힌 듯
새빨간 단풍에 가려
보일 듯 말 듯 하듯
아련히 떠오르는
옛 추억의 고향 풍경

누런 황소가
가을 햇볕에 길게 누워
한가로이 낮잠 자는 마을

가을엔 절로 고향 풍경이
낡은 필름 속 영상처럼
살아나고
그 속에 어릴 적 친구와
뛰놀고 있다

가만히 눈을 감고 있노라면.

어릴적 고향에 대한 그리움

부엉이

밝은 해 보기 싫어
낮잠 자고

어둠을 벗 삼아
밤에만 운다.

밤하늘에 박혀있는
수많은 보석

쏟아지는 별빛
큰 눈 속에
주워담고

그리움 못잊어
찾아간 고향

세월 앞에 장님 되었네.

옛 추억의 그리움

오솔길

산토끼 길인 듯
가느다란 오솔길

나뭇잎 사이
솔바람 스치니

지나가는 바람 따라
햇살이 춤을 추는
아름다운 길

머루 다래 익어가는
산속 한여름이
익어 간다.

옛 고향의 추억

제3부

그리움 그리고 외로움

밤

칠흑 같은 어둠이
온 세상을 삼켰습니다.
귀신도 무섭다고
도망을 갑니다.
달님도 싫다고
숨어 버렸습니다.

밤하늘 은하수
살며시 내려와
반딧불 되어
어둠을 밝히고

남은 별 연인 되어
내 품속에 안기어
숨소리도 잠을 자네요

너는 나의 안식처.

삶의 외로움

할미꽃

먼저 가신 낭군님
무덤가

얼마나 그리움에
지쳤으면
할미가 되었나.

하얀 명주실 한 올 한 올
면사포처럼 쓰고
고개 숙인 수줍음

찬이슬 스미는
허기진 밤

기다림에
얼마나 울었으면

두 눈가에
피멍이 들었나.

슬픔과 외로움

병원

오늘 당신은
망가진 무릎을 움켜쥐고
아픔을 달래 달라 애원하며
내게로 왔습니다.

나를 찾는 이 모두가
아픔을 가슴에 안고
찾아옵니다

당신의 살이 여미는 듯
아픔이 찾아와 울부짖을 때
부모는 가슴이 찢어지는 듯
소리 없이 울부짖습니다.

나는 그 아픔을
사랑으로 보듬어
고통을 행복으로 바꾸어주는
마술사입니다
우리는 어느새

고마움에 눈물을 흘리며
친구가 됩니다.

나는 오늘도 그 아픔
가슴속에 끌어안고
잠을 잡니다.

봄 향기 그윽한 맑은 새 아침
방긋 웃는 해님 얼굴을 내밀 때
창가에 스며드는
아름다운 봄볕 한 아름 안아다
당신께 드립니다

나는 생명을 살리는 수호천사입니다.

희망

정원

사랑의 오두막
지어놓고
고운 님 그리려
화실도 꾸미고
햇살 고운 창가에
일곱 색깔 무지갯빛
찻상도 놓고

가을을 삼켜버린 국화향

겨울엔 모과향기 그윽한
너를 가슴에 끌어안고

사랑을 속삭이는
정원을 꾸미렵니다

모두가 떠나버린
텅 빈 가슴속에.

그리움

타향살이

길가에
돌 하나
개여울의
조약돌

태어난 곳 어디기에
이리 채이고
저리 채이고
세상사 서러움뿐

잠 못드는 시간에
운명처럼
떨어지는
별똥 별 하나.

외로움

폐교된 교정

잠에서 깨어난
해님이
내 품으로 달려와
안기듯
아침이면 찾아오던
반가운
옛 친구들

석양 끝자락 노을 타고
다시는 못올 길 따라
모두 떠나버렸습니다.

논두렁 샛길 따라
달려가는 봄바람
옥구슬같이
영롱한 아침이슬에
바짓가랑이
젖는지 모르고
나를 찾아와
놀던 옛 친구

가슴 활짝 열어놓고
목이 터져라
청군 이겨라
백군 이겨라
응원가를 부르며

내가슴 짓밟고
뒹굴던 친구들
보고 싶은데

이 가슴에 채워진
쇠고랑 볼 때마다
눈물로 보낸
어언 십여 년
느티나무만이
외롭게 서 있네.

붉은 노을 질 때마다
가슴에 피멍이 쌓인다.

그리움

파도는 차마 말 못하고

일본의 낮은
밝기만 한데
태산 같은 파도가
태평양을 헤엄쳐 온다

호수처럼 잔잔한
해변을 거닐며
놀다 가면 좋으련만
두 눈을 부릅뜨고
검은 한숨을 품어내며
쏜살같이 달려온다.

고요한 마을
한 입에 삼키고
상처 입은 파도는
산산이 부서졌다.

파도야 말 좀 해라
누구를 찾아왔니
오늘도

미야기현 후쿠시마 해변에
말 못할 전설을 새겨놓고

파도는 차마 말 못하고
바람에 구름 가듯
사라졌네.

무슨 까닭인가요

추란(秋蘭)

제비처럼 날렵한 몸매에
대쪽같이 당찬 네가
청량음료같이
상큼한 찬바람에
온몸 목욕하고
가을 미인이 되어 찾아왔구나.

고운 빛 밝기는 비단과 같고
연지곤지 찍은 얼굴 곱기도 하다
찬 서리에 마른 목축이려고
살며시 내민 입술 사이로
새어나온 은은한 너의 입김
내 가슴속에 스미네

머지않아 찾아올
첫눈 속으로 보내기 아쉬워
밤사이 별들이 흘린 눈물
찬 서리 되어 꽃잎에 맺히면
가을 끝자락도
낙엽으로 밟히겠네

가는 세월에 대한 아쉬움

초록빛 계절

초록빛 계절
안개가 내린다.

나뭇잎 사이
솔바람
시원하게 불어주니

내 마음
서서히 사라지는
안개와 함께
햇살을 마중한다
희망

제4부

기도

간월도에서

파도에 떠밀린
외로운 섬
망망대해를 바라보며
홀로 앉아 있네

썰물에 쓸려갈까
해풍에 넘어질까
부처님 꼭 껴안은 모습

해맑은
염불 소리
온 바다에 퍼질 때
서광에 붉게 물든
금빛파도는
바로 깨달음이네

두 손 모아 합장하는
불자들 모두가 부처이네.

고행의 아름다움

무(無)

마른 장작
산더미처럼 쌓아놓고
큰소리로
스님 불 들어갑니다
외치네.

화산처럼 타오른 불길
오간 데 없이 사라지고

남은 것은
한 줌의 정적

지나가던 바람이
그마저 가져가

흔적 없이 사라졌네.

고행의 아름다움

달집

나는 말을 못합니다.
죄지은 것 없는데
오랏줄로 꽁꽁 묶입니다.
정수리에 죽창도 꽂네요.
너무 아파
온몸에 경련이 납니다.

성황당에 새끼 꼬아
많은 천을 매달아 놓듯
오랏줄에 오색 천으로
바람에 만장이 휘날리듯
매달아 놓네요.
부적 같은 종이쪽지도
붙여놓고요

무슨 까닭일까요
내 몸에 불을 지피네요.
지글지글 몸이 타들어 갑니다
심장이 터질 것처럼
괴로움이 다가올 때

가까이 아주 가까이에서
내 몸을 에워싸고
두 손을 합장하고
소원을 비는 소리가
귓가에 맴돌 적에
하늘도 감탄한 듯
눈물 흘리니

타다 남은 몸이
등신불(等身佛)되니
만인이 우러러보는
신(神)이 되었답니다.

고행의 아름다움

소원

깨진
거울조각처럼
가냘픈 네가
해님과 속삭이며
사랑을 나누더니
만삭이 되었구나

은하수 축하 속에
밝게 웃는 너의 미소
한 쌍의 토끼가
덩덕궁 덩구덕
떡방아 찧는
아름다운 천사의
노랫소리가
별빛 타고 내려온다

온 세상 찌든 마음
더도 말고 덜도 말고
저 보름달만 같았으면.

삶의 아쉬움

흐르는 세월 속에

사랑이 머물다 떠난 자리에
그리움이 안개되어
가슴속에 스며들고
밤사이 별들이 흘린 눈물이
풀잎에 맺힐 때
서글픈 마음에 흘린 눈물
가슴 적시네.

나무에 걸친 달
바람결에 떨어지고
멈추지 않는 시침 속에
버들강아지
아침 안개에 목을 축일 때

마음은
한 줌 재가 되어
허공을 떠도네.

고행의 아름다움

부처님 오신 날에

관세음보살
나무관세음보살
불기 2555년 4월 8일
부처님 오신 날
번뇌 훌훌 털고파
산사를 찾았네.

봄의 한복판
불경마저 잠든 산길
천천히
아주 천천히
스님의 그림자 따라
걷고 또 걷는다.

가사 장삼 끝자락에 매달린
솔바람 데리고
부처님 맞으러 가는 길
산새도 따라가고
해님도 따라간다.

중생의 얽히고 설킨 뿌리
풀어줄까
잘라줄까
물으러 가는길
바람도 경전을 읽고간다.

고행의 아름다움

촛불시위

붉은 만장 높이 들고
목이 터져라 외쳐대던
군중들이
만장을 버리고
가냘픈 내 몸을 휘어잡고
불을 지핍니다.

제 몸을 불태우는
소신공양의 모습
하얀 눈물을 흘리는 나를
두 손으로 감싸 안고
한목소리로 함성을 지릅니다.

알면서도 대답 없는
메아리만도 못한
저 높은 장벽 속에 숨어 있는
권력을 향하여 외칠 때마다
열꽃으로 타오르는
붉은 가슴

세상을 향한
이 한목숨 두렵지 않습니다.

나는 그저 아늑한 곳에서
사랑에 불꽃이 되고 싶었던
하이얀 가슴이었다고
눈물을 흘립니다.

교만한 자에 대한 울부짖음

수덕사에서

부처님 지나간
고행길 따라가듯
한 계단 두 계단
내딛는 발걸음에
맺힌 땀방울
바람이 스칠 때마다
텅 빈 가슴 되었네.

동자승 입김에
풍경 울리고
큰스님 독경소리
온산을 감싸니

산속을 날고 기던
불자님들도

야단(野壇)에 모두 모여
불공드리네.

고행의 아름다움

제5부

봄(희망)

봄 빗소리 들으며

온종일 후드득후드득
양철지붕을 때려대는 빗소리
낙숫물 추녀 끝에서
뛰어내려 산산이 부서지네

창공을 날던 참새
후려치는 빗방울에
뭇매를 맞고
처마 끝에 옹기종기 모여
쫓겨날까 두려워
소곤소곤 얘기하며
빗소리 함께 듣습니다

창문을 어루만지듯
흐르는 빛줄기 따라
오선지에 악보그리듯
아름다운 선율 흘러내릴 때

휑한 마음
빗속에 숨었다.

빈 마음을 채우지 못한 외로움

겨울바람

청양고추처럼
매서운 너

새하얀 이불
뒤집어쓰고
포근한 엄마 품에 안겨
살포시 잠든 나뭇가지
흔들어 깨우는
심술쟁이

동장군 데려와
심장을 후벼내고
온몸이 찢기도록
한바탕 굿판을 벌이고
달아나는
얼굴 없는 무법자

봄 바람에
꽁꽁 묶여 흔적조차 없네.

자유를 갈망하며

가는 세월 아쉬워

가는 봄 아쉬워라
종다리 노랫소리
봄빛 타고 내려올 때
아지랑이 아롱아롱
봄소식 가져오네

얼어붙은 내 마음
봄바람이 녹일 적에
봄풀 등짐 지고
하늘을 바라보네

스치는 봄 내음
코끝을 스칠 때면
지그시 감았던 눈을 떠보니
늙은 민들레 자손을 품에 안고
보리밭 마당 삼아
춤을 추며 저 멀리 날 적에

봄마저 등에 업고
저만치 가네.

봄에 대한 아쉬움

진달래꽃

분홍빛 연지 찍은 소녀 얼굴
따사로운 봄볕에
온몸 감싸고
산자락 끌어안고 온다.

동장군에 잡혀갈까 두려워
긴 세월 숨죽이고
살아온 너

아름다운 얼굴 살포시 내밀며
연분홍 치맛자락
나비 날듯 춤출 때
지나가던 봄바람이
아름다운 그대 입술
훔쳐 갈 적에

강풍에 찢긴 몸
핏물 되어 흐르고
꽃물 든 마음 가슴에 묻었다.

고달픈 삶의 애환

시냇물

봄소식 전해 온 지
엊그제 같은데

쉬임없이 달리는 듯
떠나가는
네 걸음걸이
바쁘구나.

다시는 돌아오지 못할
그 먼 길 떠나는 여정

솔솔 불던 바람도
방향을 잃고
풀섶에 누웠다

멈춤이 없는 흐름
고요히 넘어가는 하루가
물빛으로 흔들린다.

가는 세월에 대한 아쉬움

새 생명

육중한 얼음벽을 뚫고
살포시 고개들은 환성
짙푸른 초록색
어여쁜 얼굴이
햇살에 눈부시다

아지랑이 숲 속에서
내일의 꿈 그리며
거친 풍파 헤쳐나갈
웅지

의연하고
청순한 자태

순결한
너의 이름은
푸른 새싹.

봄의 환희와 희망

벚꽃

꽃길 걸어가다
이리 보고 저리 봐도
너무나 예쁜
꽃 한 송이
손바닥에 올려놓고
물끄러미 바라보니

연한 분홍빛
아름다운 입술이
내 심장을 요동치게
하는구나

나뭇가지에 주렁주렁
어여쁜 꽃님
살며시 내민 혀 끝
벌, 나비 날아들 때

솔솔 부는 봄바람
집에 와 거울을 보니

어느새 나비 한 마리
머리 위에 앉아 있네.

봄의 환희

봄 1

앙상한 나뭇가지
눈 비비고 하품을 합니다.
개여울 개나리도
노란 옷으로 갈아입었습니다.
봄바람이 처녀 치맛자락 잡고
춤을 춥니다.

겨울 끝자락
차가운 바람도
눈물지며 떠나갑니다.

산자락 안개 입맞춤하며
달려간 곳에
새싹이 기지개를 켭니다.

어느새 봄은
대문 밖 저만치 와 있습니다.

봄의 환희

봄 2

세월을 깔고 앉았던
계절이 녹아내리는 소리.

멈추었던 심장이
쿵쾅쿵쾅 뛰고

꽁꽁 얼어붙은 핏줄이
실개천에 물 흐르듯이
조금씩 조금씩 숨을 쉽니다.

어머니 품속에 안긴 듯
따스한 기운이
내 몸속으로 들어옵니다.

사선을 넘나들던
칼바람 속에서

새 생명을 잉태시키는 봄이
내 살 밑을 파고 듭니다.

봄의 환희

봄 3

앙상한
나뭇가지
마디마디마다
잠자던 새싹

봄 내음 싣고 온
바람이 잠을 깨우면

스치는 아침 안개
움츠린 가슴에 담아
하늘 향해
기지개를 켠다

봄은
해가 진 후에 눈을 뜨는
산 벚꽃처럼
몸 떨리는 아름다움이다.

봄의 환희

봄 4

버들강아지
명주같이 새하얀
솜털 머금고

노란 개나리 꽃술
바람에 날아갈까

가냘픈 푸른 손
감싸 안을 때

따사로운 봄바람
꽃향기는 세상 가득하여라

봄 그늘에 갇힌
새싹마다
웃음소리 쏟아져 구른다.

봄의 환희

봄나들이

소곤소곤 속삭이는
봄바람 숨결 소리에
여민 옷 벗어 던지고
어여쁜 몸 흔들며
꽃단장하네요.

선녀가 뿌려준
수정 같은 아침 이슬로
온몸을 닦아내고
상쾌한 아침 바람에
젖은 머리 빗질하네요

상큼한 분내음
지나는 바람 등에 태워 풍기며
수줍은 새색시 웃음 가득
누구를 기다리며
함박웃음 짓고 있나요.

세월에 찌든 아내가 뿔났다.

봄을 기다리는 여인의 마음

제6부

인생(人生)

낙엽을 바라보며

나뭇가지 사이로
소리 없이 내려온
고운 햇살
가슴에 안고

속삭이듯
흐르는 냇물에
온몸을 맡겼다

물소리 바람 소리
돛으로 세운 여정
너울너울
춤을 추면서

다시는 오지 못할 추억이
가을로 떠나고 있다.

떠나는 이를 배웅하며

낙엽

새 신랑 얼굴처럼
곱고 아름답던 모습

천 년 바위처럼
고이 간직 할 줄 알았는데

늙어 주름진 몸
오갈 곳 없네.

벌레 먹은 상처마다
뻥 뚫린 세월이 보이고
갈색 바람이
어서 가자고 재촉할 때마다
머물 수 없는 여정 앞에
나뒹구는 이방인

석양 속 붉은 해 따라
물들은 시간들이
흐느낀다.

떠나는 이를 배웅하며

대나무 1

텅 빈 네 몸
가냘픈 허리
바람에 꺾여도
오뚝이처럼
곧게 서 있는 너
그 옛날
백성 위해 몸 바친
선비 같구나.

이 세상에 태어나
푸른 옷 단 한 벌로
살아온 너
죽어서도 굽힘 없는
선비처럼
네 뱃속에서 들려오는
한 맺힌 백성 울음소리

굶주림 참으려 졸라맨 허리
마디마디마다 맺힌 설움.

선비의 고행에 대한 위대함

대나무 2

하늘을 우러러
한 점
부끄럼 없이 살아
저리도 푸른가.

속 빈
강정인줄 알았더니만
맹호도 얼어 죽을
설한풍 속에서

강철처럼 서 있는
곧은 저 심지
마디마다
서려 있는 설움

칼날도 겁에 질렸네.

선비의 고행에 대한 위대함

빈자리

사랑이 머물다
떠난 자리엔
그리움만이
가득하고요

청춘이 머물다
떠난 자리엔
황혼에 노을빛이
드리워지는데

비 오고 무너진 꽃밭엔
숨죽인 바람들의
자욱한 손짓만 남았네요.

슬픔과 외로움

빈의자

내 젊을 적에는
업고 가니 짐이 되고
안고 가니 사랑이었는데

내 늙어지니
업고 가니 사랑 되고
안고 가니 눈물 나네

호리병 휘어잡듯
휘감은 몸
양 무릎 의자 위에
살며시 미소지며 놀던 님
가을볕 따라갔네

님 떠난 빈의자
찬바람이 앉아있네.

짝 잃은 허전한 마음

나그네

길 떠나는 나그네
봄바람에 넋을 잃고
내리는 봄비에
외로움을 적신다

아름다운 꽃 웃음
가슴에 묻고
시냇물 따라가듯이
길 떠나는 나그네

하늘을 날던
새 똥
머리에 이고 가네.

여유로운 삶

소록도

쓰라린 가슴 움켜쥐고
말없이 눈물짓는 소록도야
나무 한그루 풀 한 포기
돌 한 조각에도
한(恨) 많은 애환이 서려
울고 또 우는구나

한 서린 눈물은
파도에 묻고
바람에 우는 나무소리
갈매기 등에 실어
녹동항에 보냈거늘
길은 지척인데
갈매기 울음소리만
파도에 밀려올뿐
소식조차 없구나

짓무른 환농 노송에 스미니
몸은 곰보되고
노란 송진만이 엉켜 있구나.

세상에서 격리된 애환

권력의 끝자락

갈 길은 먼데
해는 서산마루
나무 끝에 매달렸다

산은 높고 녹음은 짙은데
울어야 할 산새 소리
들리지 않고
흐르는 물소리마저
긴 잠에 들었네.

어느덧 찬바람 불어
푸른잎 가져가고
나뭇가지만 앙상하니
풍악은 사라지고
밤톨 훔쳐가는
들쥐 소리만 바스락거리네

용상엽 굽은 인적
떠난 자리에

원한의 곡소리만
가득 하구나.

관료의 한심한 작태를 보며

어부

낡은 그물이
내 얼굴을 덮으니
청춘은 먼바다로 사라지고
거북등같은 손
노만 젓고 있구나

파도는
내 이마에 부딪히고
붉은 노을은
내 얼굴을 삼켰네

친구 갈매기는
마음속에 날고
파도는 손 흔들며
이별을 고하네

한 조금 소낙비
눈물 속에 흐르니
바람은 나를 끌고
집을 찾아 달려간다

넘실대던 쪽빛 물결
노을속에 잠들 적에

어부의 낚싯대는
지는 해를 낚는다.

현실속에 묻어 사는 어부의 여유로움

한(恨)

6월이 오면
생각나는 이가 있습니다.
조국의 부름 속에
임은 떠나갔습니다.
뱃속에 씨앗만 뿌려놓고
떠나갔습니다.

심장이 터져 검붉은 핏물이
눈물되어 흘리던 그 날
그때 내 심장이 갈기갈기
찢어질 듯
울부짖던 모습이
생생합니다.

화포가 불을 뿜고
전우가 쓰러져 사라져가는
전쟁터로 눈물 삼키며
떠나던 임 모습

만삭이 된
꽃 같은 여인 뒤로 하고
생이별 할 때
눈물지며 인사하던
그 모습.

지금도 대문을 박차고
들어올 것 같은데

한 서린 설움 가슴에 묻고
눈물로 지낸 세월

피눈물 다 마른 줄 알았는데
아직도 눈물 납니다

돌아올 줄 알았는데
기다리다 지쳐
피멍 든 이 몸
망부석이 되리라.

미망인의 한 맺힌 설움

권세

달변에 사기치고
온백성 등쳐먹고
천하를 호령하며
왕좌에 있던 네가
하룻밤 된서리 맞고
오갈 곳이 없어라.

부정부패에 얼룩진 관료들의 한심함

야간경비원

모두가 잠든 밤
홀로 어둠을 지킨다.

오색단풍 물든 계곡
오솔길 따라
사랑 노래 부르며
꿈길을 거닐 때에
밤손님 찾아올까 봐
맹인이 문고리 잡듯
단단한 문단속
너를 지킨다.

쉼 없는 종종걸음에
더딘 시계 초침이
발목을 잡아도

순회의 발자국 소리로
동트는 아침 햇살에
나를 묻는다.

삶의 애환

산길을 걸으며

청량음료처럼 상큼한
향기를 싣고
살며시 다가와

송알송알 맺힌 땀방울을
닦아 주는 솔바람
고맙다는 말하기도 전에
소리 없이 가버린다

길 옆 곱게 핀 야생화
노래하는 산새 소리
흥겨운 콧노래 절로 나오니
발걸음도 가벼운 산길

나뭇잎 사이사이로
살며시 다가와 입맞춤하며
노니는 햇살따라
고요하던 내 마음도
바람이 나네.

젊은 시절을 회상하며

연탄재를 보며

검은 인고로
태어나
이 한 몸 불태워
아낌없이
나눠주고

백옥같이
하-얀
뼛가루로
묻혀야 할 이름

그게
내 굴레입니다.

헌신적인 삶의 아름다움

영원한 이별

경인년 너를 보내며
한 해 동안 장승처럼
내 곁을 묵묵히 지켜주던
죽마고우 같은
너였는데

이제 헤어져야 한다니
영영 보지 못할 슬픔에
대쪽같던 양어깨가

수양버들 가지 늘어지듯
힘조차 없어
스치는 바람결에도
흐느적거리는구나

세상을 호령할 듯
우렁차게 울어대는
네 포효소리
꼭 한번 들으려 했는데

들은적 없으니
원통하다

울고 싶어도
울지 못하고

한 맺힌 설움
품에 안고
피눈물로 얼룩진
붉은 비단 밟으며
용왕님 부름 소리에
서해 깊은 물
사라져 가는 네 모습

너와의 영원한 이별에
울음도 잠들었다.

이별을 아쉬워하며

이슬

물안개 머금은
개여울 풀잎
온몸에 주렁주렁
진주 달았네.

아침 햇살에
색동옷 갈아입고

늘어뜨린 손끝마다
곡예를 하듯
송알송알 매달려 있네.

흔들리면 떨어질까
지나가던 솔바람도
숨을 죽이고

소리 내면 사라질까
울어대던 개구리도
잠이 들었네.

삶의 아름다움

봄바람 치맛바람

갈대 속삭이는 소리 엿듣다가
잠이 든 봄바람
따사로운 해님 눈이 부셔 깨었네.

풋내음 풍기는
새싹 손잡고
봄나들이 가네.

넓은 들판에 활짝 웃는
꽃님 입술에 입맞춤하며
사랑을 고백하고
길가는 여인
치맛자락 움켜쥐고
춤바람났네

새 생명 잉태하는
사랑에 봄바람 불어올 때
교정에 불어 닥친
여인네 일곱 색깔 치맛바람에
온 세상이 썩어가네
너는 쓰레기다.

허무한 마음

장독

묵은 된장 얼을세라
품에 꼭 껴안고
칼바람 맞으며
장승처럼 서 있다

새하얀 솜털 같은
함박눈 내려와
내 몸을 덮어주니
칼바람 속에서도
엄마 품에 안긴
아기처럼 새록새록
겨울잠 잔다.

지나는 봄 바람
꽃향기 가져와
몸을 쓰다듬고 갈 때
양팔 벌려 하늘 보고
기지개 켜니

품고 있던 된장이
해님보고 미소를 짓는다

내인생 소금보다 짜다.

고행속의 행복

분노

부서지는 파도가
하얀 거품을 물고
사라지고

날선 검 부딪치는
천둥소리
태산을 삼키네

세상을 삼킬 듯
세찬 바람
붉은 만장이
하늘을 찌를 때마다

심장이
찢어지는 비명
어금니에 깨물리는 울음.

울부짖고 싶은 마음

황혼

검붉은 장미보다
예쁘고 아름답던
지나간 붉은 추억들

금이야 옥이야
곱게 곱게 기른 자식
사랑에 밧줄로 꽁꽁 묶어
천사의 하얀 날개에 실어
저 넓은 세상으로
날려 보내고 나니

금빛물결 일으키며
지는 해 속으로
말없이 사라지는
그리움 한 조각

핏물 같은 파도가
나를 삼키네.

황혼의 아름다움

일본 대지진을 보며

누가 잠자는 나를 깨웠니
땅속 깊은 곳에 숨어있던
용가리가
단단히 화가 났네

아무리 화가 나도
참으면 좋으련만
태산 같은 파도가
화살처럼 달려와
평화롭던 마을 소리 없이
한 모금에 삼켰네.

바다에 있어야 할 유람선이
산으로 가 있고
도로를 질주하던 자동차는
바닷물에 잠기니
봄바람 타고 찾아온
웃음꽃 만발하던 마을
하늘로 날아가고

처참히 부서진 잔해는
시신 덮고 잠을 자네

원자력 발전소의 심장이 터지고
말없이 찾아온
악마의 먹구름
소리없이 스며드니
옥반 가요소리 울리던 곳엔
휑한 집터만이
자리를 지키는구나.

신은 있는가
삶의 터전 모두 삼키고
비명소리마저 삼켜버렸네.

그는 말한다
나를 화나게 한 건
너희들이라고.

인과응보

서정시

내 친구 서정(抒情)
지금 내 심장
맥박이 꽁꽁 얼어붙고
남아 있던 정마저
방향을 잃었다

앞이 보이지 않는
이 침전된 사유
어디가 시작이고
어디가 끝인가

사랑의 시어들이
온 세상에
주저리주저리
열릴 때까지

뿌리 깊은
생명수처럼
메마른 가지마다
희망의 등불을 지펴다오.

시의 탄생을 그리며

백발

가을바람에 지는 낙엽
서늘한 호흡이
주름진 가슴을 만든다

초저녁 찬 이슬이
새벽녘에 서리 되면
방향을 알지 못하는 바람도
그만 길을 잃는다

모두들 떠나가는 계절 앞에
어느덧 내 머리 위에도
때때로 변신한 세월이
허옇게 앉았다.

덧없는 삶의 아쉬움

야-호의 죽음

산에 오르면
꼭 부르고 싶은
친구 야-호가 있다

목청껏 부르면
언제나 대답하던 이름
숲 속에 꼭꼭 숨어
네 모습 볼 수 없는
메아리

나 여기 있노라
안부를 물으면
여운 끝에 잡히던
네 목소리
산 아래 신작로
자동차 소음이
길을 막더니

이제 목이 터져라
너를 불러도

귓가에 맴돌 뿐

내 친구 야-호는
산속 깊이
아주 숨어 버렸네.

자연의 소중함

세월

봄이 저만치서
달려오기에
창문을 박차고
배웅을 나갔더니

울긋불긋 만개한 꽃
두 팔 벌려 나를 감싸네

나와 놀던 친구들
시냇물 타고
모두 떠난 자리

서늘한 바람에
낙엽만이 뒹굴고

정적의 세월 마당에
나만 홀로 서 있네.

그리움

발자국

봄볕 스민 솔밭 사이로
눈 녹던 소리
어제 같은데
푸르른 청춘
바람에 묻어가고

벼 이삭 등 굽은 듯
지나온 세월을 지팡이 삼아
걸어가는 저 노인

세월이 할퀴고 간
골 깊은 이마에
가을볕 장 익는
구수한 냄새

황금빛
너울 파도와 춤추는데
따사로운 가을볕
짧은 하루
한걸음 한걸음 멀어진다.

그리움

은행잎

칼바람에
모든 인연 다 끊고
길가에 누웠네.

어젯밤 찬 서리에
몸을 떨던 기억들이
서걱서걱
발에 밟힌다

푸른 청춘 다 뺏기고
누런 수의 한 벌
얻어 걸쳤으니

울부짖는 곡소리
끝나기 전에
세월 저편 길따라 걸어가네.

그리움

장미꽃

활짝 웃는 내 얼굴
무슨 잘못이 있나요

요염한 내 모습
무슨 흉이 되나요

바람도 가끔 시샘하듯
흔들어 댈 때도 있지만

오직 한 사람만을 위한
사랑을 지키려
가시로 가슴을 물었습니다.

삶의 슬픔

하조대에 올라

돌 틈에 발 뻗고
외로이 서 있는
소나무 한 그루

흙 한 줌 없는
칼날 같은 바위틈
안개가 흘린 눈물
소나무 먹이려
가슴에 담는다

발아래 솔숲 사이
하-얀 등대
떠난 님 기다리고

바람은 솔잎 끝에
매달려 울 때
님 실은 뱃고동소리
파도 타고 달려오네
홀로 선 저 소나무
바람이 가져간다.

애환

융프라우 설경을 보고

산마루 걸친 햇살
눈빛 더욱 희고야
산허리 두른 안개
바다를 이루고

아주 먼 옛날
얼음바위 걸어간 자리
옷자락에 쓸린 듯
골 깊게 패였네

인고의 고통소리
초목에 숨고
양 울음소리만
메아리치는구나

웅장하고 장엄한 태산아
머나먼 이국에서
널 보러 왔노라
억만년 인고 끝에
얻은 새하얀 면사포
눈물지며 벗고 있구나.

애환

고독 1

소리없이 찾아온
따스한 봄바람

사랑이 꽃피는 날에도
언제나 외로운 그림자

멈춤이 없는 세월 속
말없이 사라지는
연기 같은 것

동행자 하나 없이
떠도는 이방인

어디를 가도
물음에 답을 찾을 수 없는
시간 속 외톨이.

외로움

고독 2

너의 가슴은
차가운 듯 포근하고
외로운 듯
정이 듬뿍 담겨있다

가끔씩
너의 품에 안겨
지난날의 추억을
되새겨본다

찬바람이
낙엽을 훔쳐갈 때
뒹구는 한 잎 낙엽을
살며시 감싸안고
바람도 외면한
휑한 길
혼자 걷는다

썩은 이빨에 깨물린 아픔
씹어가며.

외로움

기러기

모가지 길게 빼고
끼룩끼룩
먼 길 떠나는 여정
혹여나 길 잃을까
달님도 길 밝히는
가을 저녁

노닐다 떠난 자리엔
휑한 찬바람
억새의
애달픈 통곡소리

헤어짐 아쉬워
흘린 눈물이
밤사이 찬이슬 되어
풀잎마다
송알송알 맺혔다.

그리움

기다림

그늘진 산비탈
홀로선 목련화

지난해 떠나버린
임 그리워
먼 산만 바라보네.

따스한
봄 햇살 같은
고운 자태

살아갈수록 계절은 선명한데
먼 길 내다보는 내 눈에 서리는
소리 없는 웃음기.

고목

늙어 주름진 깊은 골에
밤사이 별들이 흘린 눈물
안개되어 젖는데
서글픈 마음에 흘릴
눈물조차 없구나.

물 흘러간 듯
지나온 발자국
마디마디 옹이로 박히고
가지에 걸려있는 그믐달
소슬바람에 떨어질 때
잡을 힘도 없어라

거대하던 몸
거부치 못한 세월 앞에 쓰러질 때
부귀영화 다 버리고
한 잎 낙엽처럼
홀연히 떠나야 할 발길
묵은 기억들 마저
바람이 되어라.

희생

갈대 1

심장을 도려낼 듯
매서운 칼바람 속
온몸을 덜덜 떨며
울부짖는 소리에

하늘을 날던 새도
날개를 접고
단잠 자던 노루도
고개 들었네

끝없이 울어대는
한 맺힌 설한풍아

숨 한번 고르며
맺힌 한 훌훌 털고
내 품에 안겨
쉬었다 가렴

나는 고행을 즐기는 방랑자.

희생

갈대 2

황량한 강줄기 따라
온종일 불어대는 바람 맞으며
화살같이 가냘픈 몸 서로 껴안고
한 서린 울음소리 바람에 날리네

지나는 바람 겨드랑이 스칠 때
깔깔 웃는 네 모습 아름답구나

옛 선비 귀향 갈때
뿌리고 간 씨앗이
황량한 들판에 뿌리내려
천 년 한 품은 채 곧게 서 있는
네가 부럽다
청기와 푸른집 길가에 섰더라면
좋았을 것을
너 보기가 싫어서 풀 한 포기
못살도록 포장했구나

세상이 하수상하니

네 울음소리마저
통곡소리로 들리는구나.

희생

봄

얼굴도
그림자도 없는
봄볕
살며시 내려와
자리를 편다.

살랑살랑 실바람
꿈에서 막 깨어난
대지 위에 뒹굴고
새하얀 뭉게구름
미소 지며
내려다본다.

여린
고사리손처럼
얼굴 내민 새싹
두려움에
고개 숙인 채
감긴 듯 실눈 뜨고
세상을 내다본다.

봄
너는
사랑이 싹트는
신혼의 오두막.

미망인의 한

애환

노을 진 해변 언덕에 앉아
지는 노을을 바라본다

눈부신 저녁 햇살(夕陽)
내 눈을 훔쳐갈 듯
너무 아름다워
두 눈을 살며시 감고 있노라니
황금빛 노을이
소리 없이 내려와
내 얼굴을
깔고 앉는다

뱃고동소리
노을 타고 들릴 때마다
발아래 항구는
빈 가슴을 여는데
지는 해가 항구에 잠길 때
항구의 텅 빈 가슴
어둠이 채우네

허무한 항구 마음
모두 떠나버린
찢어진 가을 석류.

외로움

다듬이

소쩍새 우는 소리
듣기 지겨워
홀로 깊어가는
긴 겨울밤
말동무 되듯 두드려 대는
애꿎은 다듬이 소리는
풀 먹인 옥양목에
눈물 한 모금 품어 반듯이 접어
댓돌에 얹어놓고
못내 야속한 맘 화풀이하네
딱-딱-딱-딱
따가닥 따가닥
따가닥 따가닥
가락 맞추어
두드려 대는 소리

평생의 마음 짓눌리던
한 맺힌 소리
고요에 묻힌 강산 일깨워
먼저 가신 님 사모의 그리움
잊고파 두드린 것일게지.

미망인의 한